BEI GRIN MACHT SICH IHR WISSEN BEZAHLT

AF136150

- Wir veröffentlichen Ihre Hausarbeit,
  Bachelor- und Masterarbeit

- Ihr eigenes eBook und Buch -
  weltweit in allen wichtigen Shops

- Verdienen Sie an jedem Verkauf

Jetzt bei www.GRIN.com hochladen
und kostenlos publizieren

Bibliografische Information der Deutschen Nationalbibliothek:

Die Deutsche Bibliothek verzeichnet diese Publikation in der Deutschen National-bibliografie; detaillierte bibliografische Daten sind im Internet über http://dnb.d-nb.de/ abrufbar.

Impressum:

Copyright © 2015 GRIN Verlag
Druck und Bindung: Books on Demand GmbH, Norderstedt Germany
ISBN: 9783346211316

Dieses Buch bei GRIN:

https://www.grin.com/document/913091

Anke Jung

Involvement im Marketing. Einflussfaktoren auf das Kaufverhalten des Kunden

GRIN Verlag

EINSENDEAUFGABE

Alternative B: In dieser Arbeit wird zunächst das High und Low
Involvement dargestellt. Anschließend wird auf den Prozess der
Informationsverarbeitung eingegangen und zum Schluss werden
die Phasen der Kundenbeziehungen aufgezeigt.

SRH FernHochschule
Riedlingen

Rahmenbedingungen
der Markt- und
Werbepsychologie

Wirtschaftspsychologie
(B. Sc.)

Abgegeben am 30.11.2015

Anke Jung

Inhaltsverzeichnis

Abkürzungsverzeichnis

Abb.	Abbildung
Bsp.	Beispiel
BU	Berufsunfähigkeitsversicherung
f	Folgende Seite
ff	Folgende Seiten
HI	High Involvement
LI	Low Involvement
S.	Seite
u.ä.	und Ähnliche
u.a.	und andere
u.v.m.	und viele mehr
UWG	Gesetz gegen den unlauteren Wettbewerb
WpHG	Wertpapierhandelsgesetz
z.B.	zum Beispiel

Abbildungsverzeichnis

Tabellenverzeichnis

1. Involvement

„Involvement ist ein Zustand der Aktivierung, der durch personen-, reiz- und situationsspezifische Faktoren hervorgerufen wird. Der Konsument ist mehr oder weniger bereit, sich zu engagieren, sich kognitiv oder emotional mit einem Gegenstand auseinander zu setzen."[1] Nach Deimel ist Involvement „ein nicht beobachtbares, hypothetisches Konstrukt, das in Abhängigkeit von der persönlichen Relevanz einen internen Zustand der Aktivierung, insbesondere der Motivation, und des Interesses kennzeichnet."[2]

Im Folgenden wird anhand von Beispielen aufgezeigt, wie sich unterschiedliches Involvement auf das Kundenverhalten auswirkt und somit ein Schlüsselkonstrukt für das Marketing darstellt.[3] In Kapitel 1.1. wird das High Involvement am Beispiel des Autokaufs vorgestellt, bevor in Kapitel 1.2. auf das Low Involvement am Beispiel des Zahnpastakaufs eingegangen wird.

Allerdings sind die beiden Konstrukte nicht klar voneinander abgrenzbar und verschwimmen teilweise ineinander,[4] ähnlich den Persönlichkeitstypen der Persönlichkeitspsychologie, die Extreme aufzeigen.[5]

---

[1] Jeck-Schlottmann, G.: 1987, S. 68
[2] Deimel (1989),S. 153
[3] Vgl. Trommsdorff, V.: 2009, S. 48
[4] Vgl. Jaritz, S.: 2008, S. 25
[5] Vgl. Asendorpf, J.: 2011, S. 41ff

1.1. High Involvement

Als High Involvement (HI) wird die hohe Ich-Beteiligung, oder das innere Engagement bezeichnet,[6] mit dem sich der Konsument dem Kauf widmet, sich Wissen aneignet, indem er für ihn relevante Informationen sammelt.[7] Der Konsument setzt sich folglich verstärkt mit dem Kauf auseinander (siehe dazu Tabelle 1).

High Involvement	
• Aktive Auseinandersetzung	• Stark verankerte, intensive Einstellung
• Aktive Informationssuche	• Vergleichende Bewertung vor dem Kauf
• Geringe Persuasion	• Viele Merkmale beachtet
• Hohe Gedächtnisleistung	• Viel sozialer Einfluss
• Hohe Verarbeitungstiefe	• Ziel „Optimierung"
• Markentreue durch Überzeugung	

Tabelle 1: Charakteristika High Involvement
(eigene Darstellung in Anlehnung an Trommsdorff, V.: 2009, S. 49)

HI ist überwiegend bei hochwertigen Produkten zu beobachten, wie zum Beispiel beim Kauf eines Autos oder Mobiltelefons.[8]

In dieser Arbeit wird nun auf den Autokauf eingegangen. Betrachtet man diesen, hat der Konsument die Auswahl zwischen verschiedenen Marken, verschiedenen Modellen und damit unterschiedlichen Preisklassen. Zur Optimierung seines Kaufes steht neben dem Preis noch der Nutzen für den Konsumenten im Vordergrund. Zur Bedarfsbefriedigung werden die Opportunitätskosten abgewogen, also der größte Nutzen mit geringstem Aufwand wird gesucht.[9] Bei einem Auto können dies, die Größe des Wagens, die PS-Zahl, der Prestigewert, die Farbe, die Ausstattung o. ä. sein. Das ist jedoch ganz vom Konsumenten selbst abhängig. Diese Art von Auseinandersetzung wird als Objektinvolvement bezeichnet, da der Konsument sich hier mit einem konkreten Produkt – dem Auto – und dessen Eigenschaften beschäftigt.[10]

---

[6] Vgl. Orth, H.: 2012, S. 48
[7] Vgl. Trommsdorff, V.: 2009, S. 48
[8] Vgl. Jaritz, S.: 2008, S. 136
[9] Vgl. Knappich, O.: 2000, S. 165
[10] Vgl. Orth, H.: 2012, S. 49

Für das Marketing bedeutet das, dass dem Kunden ausführliche Informationen zur Verfügung gestellt werden sollten, um dessen Informationsdurst befriedigen zu können. Im 21. Jahrhundert empfiehlt sich dies auch über diverse Onlineplattformen, da viele Konsumenten vorab im Internet recherchieren.[11] Welche Möglichkeiten es dazu gibt, ist jedoch nicht Teil dieser Arbeit.

Eine Einstellungsänderung des Konsumenten in Bezug auf eine bestimmte Marke oder ein bestimmtes Modell kann unter Umständen durch sachliche Argumentation erfolgen.[12] Bestenfalls sollte die Argumentation individualisiert durch den persönlichen Verkauf erfolgen, weshalb im Autohaus neben den Autos nicht nur Werbe- und Informationsplakate zu finden sind, sondern auch Verkäufer.[13] So kann der Kunde, der zu Beginn eine negative Einstellung gegenüber z.B. einem SMART hat, von dessen positiven Eigenschaften als Kleinwagen im Stadtverkehr, mit wenig Verbrauch überzeugt werden, wenn der Kunde genau diese Eigenschaften als sehr wichtig für sein neues Auto betrachtet. Diese Informationen sind andererseits bei Kunden nutzlos, die sich für einen Sportwagen mit hoher PS-Zahl interessieren. Daran sieht man, dass neben dem Objektinvolvement auch das Persönlichkeitsinvolvement eine Rolle spielt.[14] In Kapitel 3 wird näher auf die Individualisierung des Kunden eingegangen.

Für das Marketing ist es wichtig, zu wissen, welche unterschiedlichen Konsumenten es gibt bzw. welche Zielgruppe mit den Marketingmaßnahmen erreicht wird. Dabei können verschiedene Modelle, wie das Sinus-Milieu, das Zielgruppenmodell der GfK Roper Consumer Styles u.a. herangezogen werden. Diese Theorien beschäftigen sich näher mit der Kundensegmentierung und werden zum zielgerichteten Marketing eingesetzt. Wie diese im speziellen Aussehen, kann u.a. bei Halfmann nachgelesen werden. [15]

Es lässt sich festhalten, dass bei dem HI die inneren Einflüsse aus Motivation und Zielen bestehen und äußere Einflüsse soziale Kontakte sind. Auch das Umfeld, indem ein Kauf getätigt wird, steht zunehmend im Fokus. So wurden die McDonalds Filialen mit bequemen

---

[11] Vgl. Ternes, A. u.a.: 2015, S. 12
[12] Vgl. Orth, H.: 2012, S. 49
[13] Vgl. Krause, J.: 2013, S. 14
[14] Vgl. Orth, H.: 2012, S. 49
[15] Vgl. Halfmann, M. : Zielgruppen im Konsumentenmarketing, 2014

Möbeln, einem neuen einladenden Erscheinungsbild und dem McCafé ausgestattet, um dem Kunden eine angenehme Atmosphäre zu bieten.[16]

Da sich der Konsument tiefgehend mit dem Autokauf beschäftigt, ist keine häufige Wiederholung der Werbung von Nöten. Eine oder mehrere Wiederholungen sind nur dann sinnvoll, wenn zwischen der ersten Information, der Kaufentscheidung und dem letztendlichen Kauf ein größerer Zeitabstand besteht. Das Wissen ist dann aufzufrischen, denn es wird davon ausgegangen, dass nicht alle Informationen ohne Wiederholung ins Langzeitgedächtnis übertragen und gelernt werden und dadurch nicht jederzeit abrufbar sind.[17]

Bei Produkten mit HI kommt die kognitive Dissonanztheorie von Festinger zum Tragen.[18] Diese geht davon aus, dass der Mensch ein inneres Gleichgewicht sucht. Im Falle eines Kaufs ist eine Bestätigung und Verstärkung, dass es sich dabei um einen für den Kunden vorteilhaften Kauf gehandelt hat, förderlich.[19] Ist der Konsument jedoch unzufrieden mit dem Auto, da beispielsweise ein Problem aufgetreten ist oder ein Testbericht einige Mängel aufzeigt, wird der Kunde mit der Kaufentscheidung unzufrieden sein – eine Dissonanz tritt auf.[20] Bei einem HI treten eher Widerstände, Dissonanzen, Reaktanzen und eine kritische Auseinandersetzung auf, als bei LI.[21] Dieser versucht das Marketing in der Nachkaufs-/Nutzungsphase entgegen zu wirken, so dass die positive Einstellung zum Produkt/zur Marke keinen Schaden nimmt.

Die starke kognitive Auseinandersetzung mit dem Produkt hat eine hohe Aktivität der linken Gehirnhälfte, die für kognitive Prozesse zuständig ist, zur Folge., während die rechte, die Emotionen lenkt, nur geringe Tätigkeit aufweist. Dies kann erklären, weshalb Konsumenten mit einem hohen Involvement sich gegenüber Reizen/Stimuli passiv verhalten. Der Reiz eines Sonderangebots führt zum Beispiel nicht gleich zum Kauf eines Autos, aber eher zum Kauf einer Zahnpasta.[22] Weitere Ergebnisse der Neurobiologie werden hier nicht dargestellt.

Im nächsten Kapitel wird das Beispiel des Zahnpastakaufs aufgegriffen, anhand dessen das Low Involvement (LI) erklärt wird.

---

[16] Vgl. Klöckner, B. W.: 2014, S. 76 und Vgl. Schneider, W.: 2007, S. 217
[17] Vgl. Lieury, A.: 2013, S. 112
[18] Vgl. Festinger, L.: 1978, S. 16
[19] Vgl. Kroeber-Riel, W. / Gröppel-Klein, A.: 2013, S. 428
[20] Vgl. Festinger, L.: 1978, S. 16
[21] Vgl. Orth, H.: 2012, S. 44
[22] Vgl. Jaritz, S.: 2008, S. 65ff

1.2.   Low Involvement

Im Gegensatz zum HI wird beim LI die rechte Gehirnhälfte, die Studien zu Folge für Emotionen zuständig ist, mehr genutzt, als die linke. Kognitive und bewusste Prozesse sind beim LI folglich zweitrangig. Jaritz spricht daher von stark ausgeprägtem Emotionalem Involvement.[23] In Tabelle 2 sind die Charakteristika des Low Involvements aufgelistet.

Low Involvement	
• Geringe Gedächtnisleistung	• Markentreue durch Gewohnheit
• Geringe Verarbeitungstiefe	• Passieren lassen
• Gering verankerte, flache Einstellung	• Passive Informationsaufnahme
	• Viele akzeptable Alternativen
• Hohe Persuasion	• Wenige Merkmale beachtet
• Keine Bewertung und wenn, nur nach dem Kauf	• Wenig sozialer Einfluss
	• Ziel „keine Probleme"

Tabelle 2: Charakteristika Low Involvment
        (eigene Darstellung in Anlehnung an Trommsdorff, V.: 2009, S. 49)

Meist tritt das LI bei Kaufentscheidungen auf, die eine geringe Relevanz für den Konsumenten haben oder zur Gewohnheit wurden. So ist es den meisten Menschen relativ gleichgültig, welche Zahnpasta sie verwenden oder sie kaufen immer dieselbe, ohne darüber nachzudenken. Beim LI handelt es sich meist um Folgekäufe, die verkürzt und nach einem bestimmten Schema ablaufen. Erstkäufe oder Käufe mit großem Abstand und ungewöhnlichen Produkten werden meistens eingehender betrachtet.[24]

Schemata oder Skripts werden durch unterschiedlichste Werbung, Bilder oder Worte aktiviert. Dabei empfiehlt es sich für das Marketing, in bewährten Schemata zu bleiben, um ein einfaches Verständnis zu gewährleisten. So muss keine vertiefte Auseinandersetzung mit dem Kauf, wie beim HI, erfolgen und kann auch unbewusst stattfinden.[25]

Ist die gewohnte Zahnpasta ausverkauft, entsteht kein ungutes Gefühl beim Kauf einer anderen Marke, die denselben Nutzen bringt. Bei einem Autokauf würde jedoch nicht ein anderes Auto dem Wunschauto vorgezogen werden, nur weil dieses im Moment nicht

---

[23] Vgl. Jaritz, S.: 2008, S. 65ff
[24] Vgl. Rutschmann, M.: 2013, S110f
[25] Vgl. Orth, H.: 2012, S. 44

verfügbar ist. Der sogenannte Risikograd ist bei der Zahnpasta viel geringer und daher ist eine Umorientierung für den Konsumenten schneller und leichter vertretbar.[26]

Der Wohlfühlfaktor im Umfeld stellt für das LI einen ebenso wichtigen Faktor da, wie beim HI.[27] Bei LI ist der Reiz das Entscheidende zur Aktivierung der bewussten Aufmerksamkeit und dem anschließenden Kauf. Diese Aktivierung des Gehirns wurde bereits in vielen Studien untersucht.[28] Mit entsprechenden Reizen, wie gezielten Bildbotschaften, Farben, Formen und Sonderangeboten können Unternehmen schnell den Kunden für sich gewinnen. Die Informationsdarbietung ist für LI-Käufe weniger relevant, das Erscheinungsbild dafür aber umso mehr.[29] Damit die Produkte wiedererkannt werden, ist dafür eine häufige Wiederholung kurzer Werbung mit eindeutiger Botschaft nötig.[30] Daher wird dem LI im Marketing meist eine größere Rolle beigemessen als dem HI.[31]

Meridol bewarb z.B. 2013 seine Zahnpasta mit einem Werbespot. Darin wurde dem Kunden der Produktnutzen dargestellt („Für gesundes Zahnfleisch") und eine Expertenmeinung[32] wiedergegeben („Stiftung Warentest sagt „sehr gut""). Bei Zahnfleischproblemen, wird sich der Konsument durch die häufige Wiederholung daran erinnern, ohne davor bewusst auf die Werbung geachtet zu haben.[33]

Eindeutige Botschaften sind wichtig, um falsche Assoziationen zu vermeiden. So kann in manchen Ländern das Zeigen einer Frau in Dessous mit strahlend weißem Lächeln zum gewünschten Erfolg führen und Emotionen geweckt werden. Es kann die Zahnpasta gekauft werden, weil der Kunde ebenfalls schön sein und ein strahlendes haben will. In anderen Ländern kann dieselbe Werbung wiederum dem Image des Unternehmens schaden, wenn damit eine falsche Botschaft wahrgenommen wird, da die Kunden dort eine Frau in Dessous z.B. anstößig finden.[34] Anders als beim High Involvement treten beim Low Involvement allerdings kaum Widerstände, Reaktanzen oder Dissonanzen auf, da keine kritische Auseinandersetzung stattfindet.[35]

---

[26] Vgl. Jaritz, S.: 2008, S. 252f
[27] Vgl. Klöckner, B. W.: 2014, S. 76 und Schneider, W.: 2007, S. 217
[28] Vgl. Orth, H.: 2012, S. 36 und Merk, J. / Meister, A. / Thunsdorff, C.: 2013, S. 28
[29] Vgl. Trommsdorff, V.: 2009, S. 47ff
[30] Vgl. Orth, H.: 2012, S. 49
[31] Vgl. Jaritz, S.: 2008, S. 25
[32] Bei einer Expertenmeinung greift man auf gemachte Erfahrungen von anderen zurück. Vgl. Merk, J. / Meister, A. / Thunsdorff, C.: 2013, S. 52
[33] Vgl. Lieury, A.: 2013, S. 112
[34] Vgl. Orth, H.: 2012, S. 44
[35] Vgl. Orth, H.: 2012, S. 44

2. Prozess der Informationsverarbeitung

Am Beispiel „Berufsunfähigkeitsversicherung" (BU) werden nun die einzelnen Phasen der Informationsverarbeitung bestehend aus Aufnahme, Verarbeitung und Speicherung aufgezeigt und die Auswirkung bzw. Anwendung von Marketingaktionen dargestellt. Diese gehen fließend ineinander über, so dass sie dem Konsumenten selbst, während eines Kaufs kaum bewusst sind.

Die Entstehung von Schemata und deren genaue Funktionsweise wird, ebenso wie die biologischen und neuronalen Fakten über das Gedächtnis, die Wahrnehmung und das Lernen, in dieser Arbeit nicht behandelt, sondern nur anhand von Beispielen erläutert.

2.1.   Aufnahme von Informationen

Damit eine Informationsaufnahme überhaupt stattfinden kann, muss ein Reiz vorhanden sein.[36] Dieser wird über die Sinnesorgane empfangen und aktiviert das Gehirn zur Informationsaufnahme.[37]

Informationen können intern oder extern vorhanden sein und aktiv oder passiv aufgenommen werden. Eine interne Information ist das Wissen, das im Langzeitspeicher des Gehirns abrufbar ist und als erstes vom Konsumenten abgerufen werden kann. Zum Beispiel ob im engeren oder weiteren Umkreis ein Fall von Berufsunfähigkeit bekannt ist. Eine externe Information durch das Umfeld erfolgt anschließend durch die Beratung in einer Bank.[38]

Eine aktive Informationssuche kann

- impulsiv entstehen, durch eine Promotions-Aktion in der Bank zum Thema Absicherung
- gewohnheitsmäßig sein, da beim jährlichen Beratungsgespräch alle Versicherungen angesprochen werden
- aufgrund von Konflikten entstehen, wenn durch einen Unfall des Bruders, der Wunsch nach Absicherung gegen die eigene Berufsunfähigkeit akut wird

---

[36] Vgl Hagendorf, H. u. a.: 2011, S14f
[37] Vgl. Hagendorf, H. u.a.: 2011, S. 32ff
[38] Vgl. Orth, H.: 2012, S. 74

- bewusst stattfinden, weil die Eltern dem Kunden zum Abschluss einer BU geraten haben

Ist der Konsument kaum involviert, findet eine passive Informationsaufnahme statt. Diese folgt bestimmten Mustern. Bei der Betrachtung eines BU-Flyers in der Bank, ziehen zum Beispiel zuerst die Bilder die Aufmerksamkeit des Konsumenten auf sich, bevor er den Text liest. Dabei haben Bilder von Personen eine stärkere Auswirkung als Bilder ohne Personen.[39] Auf weitere Forschungsergebnisse und welche Sinne wie tätig sind, wird hier nicht eingegangen. Es soll lediglich gezeigt werden, dass durch die Forschung mit verschiedenen Messmethoden, wie dem Eye Tracking, der Schnellgreifbühne u.a. Rückschlüsse auf die Informationsaufnahme gezogen werden können. Diese helfen dem Marketing, die Produkte, die Werbung etc. mit emotionalen, kognitiven oder physikalischen Reizen entsprechend zu gestalten.[40]

Dabei müssen die Werbemacher darauf achten, dass kein unlauterer Wettbewerb z.B. durch Herabsetzung des Mitwettbewerbers oder nicht genannte Bedingungen für eine BU, stattfindet und sie damit gegen das Gesetz des unlauteren Wettbewerbs (UWG) verstoßen.[41] Auf etwaige Rechtsprechungen wird verwiesen.

Durch intensive Reize findet eine Aktivierung des Gehirns statt, so dass der nächste gewünschte Schritt der Informationsverarbeitung beginnt. [42]

2.2. Verarbeitung von Informationen

Hat sich der Konsument einen Flyer zur BU geben lassen, ist er bereit, sich diesen genauer anzusehen. Der Reiz des Beraters hat zur Aktivierung geführt.[43] Die Aufmerksamkeit bzw. Wahrnehmung wird dem Flyer zugewandt und selektiv andere vorhandene Informationen, wie z.B. Umgebungsgeräusche ausgeblendet, bis diese wieder wichtig erscheinen.[44] Dies geschieht unbewusst und innerhalb von Sekunden.[45] Dabei wird beurteilt, ob der Flyer, das Umfeld der Bank und damit auch das Produkt „Berufsunfähigkeitsversicherung", interessant

---

[39] Vgl. Orth, H.: 2012, S. 35
[40] Vgl. Merk, J. / Meister, A. / Thunsdorff, C.: 2013, S. 28 und vgl. Orth, H.: 2012, S. 17
[41] Vgl. Kurz, S.: 2012, S. 21ff
[42] Vgl. Orth, H.: 2012, S. 36
[43] Vgl. Myers, D. G.: 2008, S. 384ff
[44] Vgl Hagendorf, H. u. a.: 2011, S. 179ff
[45] Vgl. Lieury, A.: 2013, S. 115ff

für den Konsumenten ist und es sich für ihn lohnt, sich näher damit auseinander zu setzen.[46] Es sollte am besten ein Nutzen für den Konsumenten durch die zukünftige Bedürfnisbefriedigung entstehen, wenn er sich für die BU entscheidet.[47] Sobald eine positive Rückmeldung erfolgt, wendet der Kunde verschiedene Regeln zur Entscheidungsfindung an. Unter anderem wird geprüft, welche alternativen Versicherungen zur Verfügung stehen, wie gut diese im Vergleich abschneiden und welches generelle Wissen der Konsument bereits über Berufsunfähigkeit hat. Anhand bestimmter Kriterien und gezielter Nachfrage beim Berater nimmt der Kunde nach dem Ausschlussprinzip eine BU bei der Bank in die engere Wahl, um diese noch einmal ausführlich zu prüfen.[48]

„Produktbeurteilungsprozesse sind erheblich beeinflusst von subjektiven Faktoren wie auftretende Emotionen, vorhandenen Schemata und Vorurteile, sowie intuitive Schlussfolgerungen. Diese Einflüsse werden selbst bei rational überlegten, scheinbar logisch konsistenten Prozessen wirksam."[49]

Es ist schwer diesen Prozess zu durchdringen und positive Merkmale eines bereits ausgeschlossenen Produkts so hervorzuheben, dass die Einstellung des Kunden geändert wird. Dieses Wissen kann dem Marketing helfen, die Flyer so zu gestalten und die Mitarbeiter so zu schulen, dass keine Abwehrreaktion des Kunden entsteht.[50] Dabei dürfen nach UWG allerdings keine Fakten oder Gebühren verschwiegen oder verschleiert werden.[51]

Nachdem nun die Verarbeitung der Informationen beleuchtet wurde, wird in Kapitel 2.3. näher auf die Speicherung der Informationen eingegangen.

---

[46] Vgl. Klöckner, B.: 2014, S. 18f
[47] Vgl. Orth, H.: 2012, S. 37
[48] Vgl. Orth, H.: 2012, S. 38ff
[49] Vgl. Orth, H.: 2012, S.39
[50] Vgl. Sickel, C.: 2013, S. 104f
[51] Vgl. §5a UWG

2.3. Speicherung von Informationen

In diesem Kapitel geht der Autor auf das Speichern von Produktwissen ein. Die menschliche Fähigkeit zu Lernen ist für das Leben unerlässlich.[52] Ob wirklich Informationen über die BU gespeichert werden, hängt vor allem damit zusammen, inwieweit der Konsument einen bewussten oder unbewussten Nutzen in der BU für sich selbst sieht, also ob ein bewusster oder unbewusster Bedarf damit befriedigt werden kann. Je größer der eigene Nutzen/Bedarf ist, desto größer sind die Verarbeitungstiefe und das Involvement für die Beschäftigung mit der anschließenden Beratung über die BU.[53]

Wenn ein Nutzen erkannt wird, gelangen die aufgenommenen und verarbeiteten Informationen ins Langzeitgedächtnis. Dort werden sie gespeichert und stehen zum Abruf bereit, entweder durch freies Erinnern oder Wiedererkennen.[54]

Am einfachsten zu speichern sind Bilder. Diese können mit verschiedenen Dingen assoziiert werden und sind später leichter abrufbar als Texte, die abstrakt sind.[55] Ein bekanntes Sprichwort lautet: „Ein Bild sagt mehr als tausend Worte." Allerdings ist die Verarbeitungstiefe beim Betrachten von Bildern geringer als bei geschriebenen Worten.[56]

Zum einen können bei dem Thema BU zur Erklärung der Voraussetzungen für die staatliche Erwerbsminderungsrente Bilder und Grafiken mit wenig Text (siehe Abb.1) vorgelegt werden. Diese dienen zur Veranschaulichung und bleiben leichter im Gedächtnis, als nur Gesprochenes. Zum anderen können, mit bildhafter Sprache und Vergleichen zu anderen Themen, Bilder im Kopf des Konsumenten erzeugt bzw. hervorgerufen werden.[57] Wird das Problem „Berufsunfähigkeit", durch Unfall oder Krankheit mit der Folge, kein Geld zu verdienen, dargestellt, muss auch eine Lösung in Form der BU geliefert werden, damit nicht das Problem als letztes im Gedächtnis gespeichert wird.[58]

---

[52] Vgl. Becker-Carus, C.: 2004 S. 313ff
[53] Vgl. Sickel, C.: 2013, S. 1ff
[54] Vgl. Hagendorf, H. u.a.: 2011, S.181f
[55] Vgl. Orth, H.: 2012, S. 45
[56] Vgl. Myers, D.G.: 2008, S.390
[57] Vgl. Myers, D.G.: 2008, S. 458ff
[58] Vgl. Orth, H.: 2012, S. 46

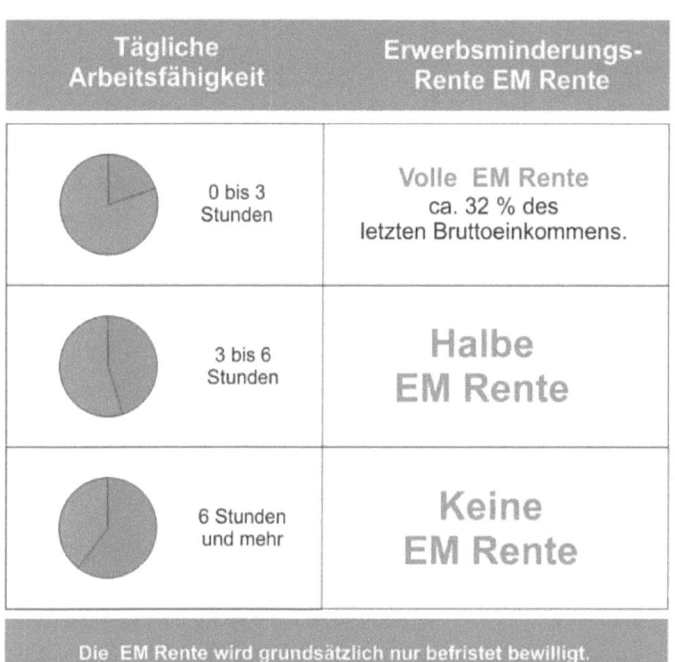

Tägliche Arbeitsfähigkeit	Erwerbsminderungs-Rente EM Rente
0 bis 3 Stunden	Volle EM Rente ca. 32 % des letzten Bruttoeinkommens.
3 bis 6 Stunden	Halbe EM Rente
6 Stunden und mehr	Keine EM Rente

Die EM Rente wird grundsätzlich nur befristet bewilligt.

Abbildung 1: Erwerbsminderungs-Rente (Quelle: www.inovers.de, 22.11.15)

Nach dem Primacy- bzw. Recency-Effekt kann sich der Konsument den Beginn der Beratung und das Ende der Beratung am besten merken. Erklären lässt sich dies damit, dass zu Beginn noch keine vorherige Informationsaufnahme stattgefunden hat und die Aufnahmefähigkeit sehr gut ist. Das Prinzip entspricht dem „Guten Ersten Eindruck". Zum Ende des Gesprächs kommen keine neuen Informationen mehr, die die letzte Information überschreiben könnten, so dass diese ebenfalls „frisch" bleibt.[59]

Bei der Darbietung von neuen Informationen zur Speicherung, ist zu berücksichtigen, dass bereits gesammelte Informationen und Erfahrungen die neuen Informationen beeinflussen. Zum Beispiel können Kunden gute Erfahrungen mit Volksbanken gemacht haben und lassen sich daher immer dort beraten, auch wenn es noch unzählige andere Banken gibt. Hier spricht die Wissenschaft von Markentreue.[60] Es kann aber sein, dass die Einstellung gegenüber Banken durch die Finanzkrise negativ belastet ist und der Konsument dadurch

---

[59] Vgl. Myers, D.G.: 2008, S. 387f
[60] Vgl. Orth, H.: 2012, S. 41f

einer Beratung generell misstrauisch gegenüber steht (siehe dazu auch Abb.3 in Kapitel 3). Weiter haben das persönliche Umfeld, das Alter, kognitive Fähigkeiten u. a. Einfluss auf bereits vorhandene Schemata, Einstellungen und abgespeicherte Informationen. So reagieren Konsumenten auf die gleichen Reize der Werbemittel unterschiedlich. Zum Beispiel können einzelne Begriffe, wie hier „Berufsunfähigkeit" positive oder negative Gefühle und Bilder beim Kunden entstehen lassen. Dabei können Vorurteile und Widerstände im Kunden hervorgerufen werden, die es gilt zu beseitigen.[61]

Wie in Kapitel 1.1. bereits erwähnt, ist es sinnvoll, dem Kunden ein gemütliches Umfeld zu präsentieren, damit sich dieser wohl fühlt. Das hat zur Folge, dass er ein positives Ereignis mit einer Beratung verbindet und dies so abspeichert, wenn er sich durchgehend wohlfühlt.[62]. Somit hat eine Konditionierung, also das Lernen durch Verhalten stattgefunden.[63] Dieses Verhalten kann als Schema gespeichert werden, so dass der Kunde bei seinem Besuch in der Bank zunächst mit einer freundlichen Begrüßung rechnet, bevor ihm die Jacke abgenommen wird und er dann neben dem Sitzplatz ein Getränk angeboten bekommt, bevor die eigentliche Beratung stattfindet. Vollzieht sich dieser Ablauf wiederholt oder wird als besonders angenehm empfunden, tritt dies in Erinnerung, sobald über einen Beratungstermin gesprochen oder nachgedacht wird.[64]

Wird im Beratungsgespräch die Wichtigkeit der BU mehrfach wiederholt, so tritt ein gewisser Übungstransfer beim Konsumenten ein. Dass wir durch Wiederholung lernen und damit Wissen in unser Langzeitgedächtnis übertragen wurde durch Ebbinghaus nachgewiesen. Nachzulesen bei Myers (2008).[65]

Das Lernen am Modell nach Bandura ist in diesem Beispiel nicht relevant und wird daher nicht behandelt.

[61] Vgl. Meffert, H. u.a.: 2015, S. 100ff
[62] Vgl. Becker, P.: 2011, S. 80
[63] Vgl. Becker-Carus, C.: 2004, S. 313f
[64] Vgl. Hagendorf, H. u. a.: 2011, S. 216
[65] Vgl. Myers, D.G.: 2008, S. 12ff

3. Kundenbeziehungen und ihr Einfluss auf Konsumentenverhalten

Das Konsumentenverhalten wird bereits seit einigen Jahren erforscht. Da Konsumprozesse viele intra- und inter-individuelle Verhaltensmöglichkeiten und unterschiedliche Facetten aufweisen können, „ist ein interdisziplinärer Ansatz mit einem breiten Spektrum an theoretischen Konzepten unumgänglich."[66] Zur Komplexitätsreduktion wird meistens von einem kopfgesteuerten Menschen ausgegangen. „Der sogenannte Homo oeconomicus sammelt Informationen, wägt ab und entscheidet vernünftig."[67] Im Folgenden werden die Phasen der Kundenbeziehung, die auch auf einer emotionalen Ebene ablaufen, und ihr Einfluss auf das Konsumentenverhalten erläutert und anschließend anhand eines Beispiels charakterisiert. Der Konsument sollte im Mittelpunkt der Marketingstrategie stehen, nicht das Produkt.[68]

3.1. Vorkaufsphase

Ein klassisches, aber überholtes Modell des Marketings ist die AIDA-Regel. Der Autor verwendet sie hier zur Erklärung der Vorkaufsphase, da die Buchstaben A (= attention), I (= interest) und D (= desire) nach wie vor Gültigkeit haben.[69] Die AIDA-Regel geht davon aus, dass zunächst die Aufmerksamkeit (= attention) beim Konsumenten geweckt werden muss, bevor sein Interesse darauf gelenkt werden kann (= interest) und ein Besitzwunsch im Konsumenten ausgelöst wird (= desire).[70] Der Besitzwunsch kann durch physikalische Eigenschaften, Preis und Konditionen, Design und Ästhetik, Marke und Markenwert oder Leistungen und Kommunikation beeinflusst werden.[71] „Der Konsument hat zum Ziel, mithilfe des Konsums ein bestimmtes Bedürfnis zu befriedigen."[72] Nachfolgend wird ein Überblick gegeben.

Die Aufmerksamkeit wird durch die Aktivierung mit bestimmten Reizen ausgelöst, wie z.B. Sonderangebote, besonders auffällige Farbe u.a. (siehe Kapitel 1). Sind diese Reize groß

---

[66] Kroeber-Riel, W. / Gröppel-Klein, A.: 2013, S. 9
[67] Vgl. Halfmann, M.: 2014, S. 3
[68] Vgl. Trommsdorf, V.: 2009, S. 47ff
[69] Vgl. Merk, J. / Meister, A. / Thunsdorff, C.: 2013, S. 15
[70] Vgl. Trommsdorff, V.: 2009, S. 45f
[71] Vgl. Orth, H.: 2012, S. 77
[72] Silbermann, A.: 2015, S. 7

genug, werden bei Interesse Informationen zum Produkt aufgenommen, um die Auswahl der besten Alternative, zur Befriedigung des Bedarfs, treffen zu können (siehe Kapitel 2).

In der Vorkaufsphase ist es also wichtig den Kunden auf seinen Bedarf aufmerksam zu machen, um ihm dementsprechend eine Lösung anbieten zu können. Sein Bedarf kann auch als „Problem" aufgefasst werden. Es gibt offensichtliche, latente, bekannte und neue Probleme, die hier nicht im Einzelnen erläutert werden.[73] Die Motivation, diese Probleme zu lösen sind sehr individuell und nicht einfach zu entschlüsseln.

Der Konsument wird darauf aufmerksam gemacht, dass sein aktueller Zustand unbefriedigend ist und er ein Bedürfnis verspürt, dieses Produkt kaufen zu wollen. Steve Jobs vertrat die Meinung, dass bei Innovationen dem Konsumenten erst gezeigt werden muss, was er vermisst hat. Somit ist das Marketing in der Pflicht, die ursprünglichen Motive und Bedürfnisse des Kunden zu ermitteln, diese im Kunden wachzurufen, um dann mit ihrem Produkt die geeignete Lösung anzubieten.[74] Der Ort der Aktivierung muss dabei kein Supermarkt sein, sondern kann auch zu Hause auf dem Sofa oder beim Gespräch in einem Café stattfinden.[75]

Es gibt vier Modelle der Einstellung zur Werbung, die die Kundenbeziehung zur Marke bzw. zur Werbung darstellen (siehe Abb. 3). Die Kognition, also in diesem Fall die positiven Gedanken, und die positive Einstellung sind in der Vorkaufsphase besonders von Bedeutung. Denn wenn positive Einstellungen und positive Gedanken vorhanden sind, kann von einer guten Kundenbeziehung ausgegangen werden. Genauso gelten die Modelle auch im Umkehrschluss für einen Nicht-Kauf durch negative Gedanken und Einstellungen.[76] „Einstellungen sind gelernte und relativ dauerhafte Bereitschaften, auf bestimmte Reizkonstellationen der Umwelt konsistent positiv oder negativ zu reagieren. Sie beruhen auf Einschätzungen von Produkten, einer Marke oder eines Unternehmens bezüglich einzelner kaufrelevanter Kriterien, wie z.B. Preis, Lieferfähigkeit, Qualität und Solidität."[77]

---

[73] Vgl. Orth, H.: 2012, S. 74
[74] Vgl. Hübner, S. / Rath, C.: 2014, S. 82f
[75] Vgl. Trommsdorf, V.: 2009, S. 46f
[76] Vgl. Moser, K.: 2007, S. 22f
[77] Vgl. Meffert, H. : 2000, S. 78

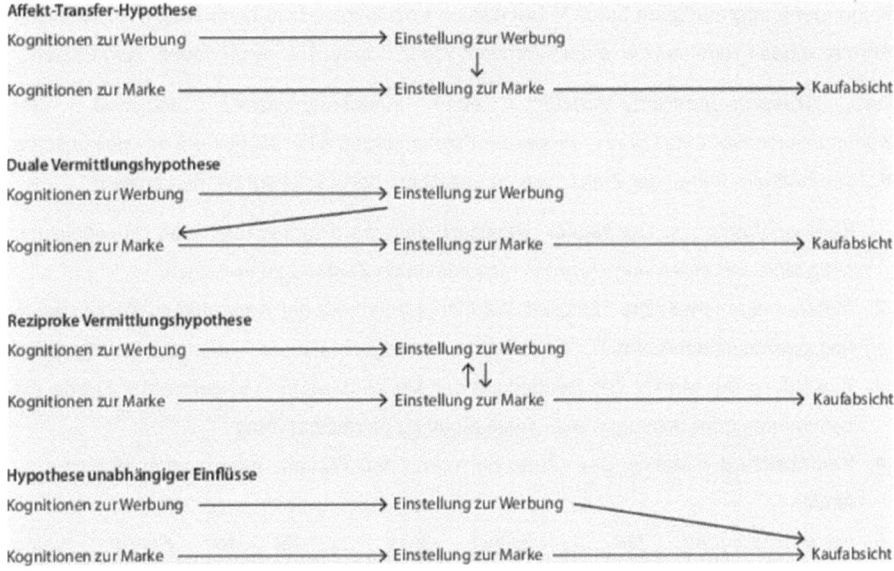

Abbildung 2: Vier Modelle der Einstellung zur Werbung (Quelle: Moser, K.: 2007, S. 22)

Sobald der Kunde ein Bewusstsein für seinen Bedarf entwickelt hat, beschäftigt er sich mit den Informationen über das Produkt. Dieses Verhalten wird verstärkt, je größer die Ich-Beteiligung ist.[78] Bei Impulskäufen zum Beispiel, kann die Informationssuche erst nach dem Kauf bzw. gar nicht stattfinden, da lediglich aus Affekt gehandelt wird. Dies hängt also mit den unterschiedlichen Kaufentscheidungstypen ab, die in dieser Arbeit keine nähere Betrachtung finden.[79] Das Unternehmen kann die Informationssuche unterstützen, indem es ausreichend Informationsmaterial zur Verfügung stellt und die Suche vereinfacht: z. B. durch ausführliche Beratung oder Informationsmaterial. Eine Hilfestellung zur Abwägung von Alternativen kann den Konsumenten weiter in seiner Entscheidung unterstützen.[80] Daneben gilt zu beachten, dass z.B. bei Gewohnheitskäufen oder Käufen, die wiederholt stattfinden, die Informationen bereits vorhanden sind und der Konsument sich nicht mit einer neuen Suche beschäftigt, sondern sich z.B. auf bereits gemachte Erfahrungen oder

---

[78] Vgl. Trommsdorff, V.: 2009, S. 42f
[79] Vgl. Meffert, H. u.a.: 2015, S. 100
[80] Vgl. Orth, H.: 2012, S. 76

vorhandene Informationen beruft.[81] Bei diesem Low Involvement kommen die emotionalen Anreize eines Produkts bzw. einer Werbung, wie in Kapitel 1.2. beschrieben, zum Einsatz.

Das Rossiter-und-Percy-Modell[82] setzt zusammenfassend folgende fünf Kommunikationseffekte voraus, die bei der Positionierung einer Marke, um das gewünschte Konsumentenverhalten der Zielgruppe zu erreichen, berücksichtigt werden sollten:

1. Kategoriebedürfnis: Der Käufer akzeptiert, dass ein Produkt oder eine Dienstleistung nötig sind, um einen angestrebten motivationalen Zustand zu erreichen.

2. Markenbekanntheit: Die Fähigkeit, die Marke innerhalb der Kategorie zu identifizieren, und zwar in einem Ausmaß, das einen Kauf ermöglicht (Reproduktion und Rekognition).

3. Einstellung zur Marke: Die Beurteilung der Marke daraufhin, inwiefern der Kunde ein bestimmtes gegenwärtiges relevantes Motiv zu befriedigen mag.

4. Kaufabsicht der Marke: Der Käufer entwickelt den Vorsatz, eine bestimmte Marke zu kaufen.

5. Kauferleichterung: Die Gewissheit, dass es für den Kunden keine Kaufhinderungsgründe gibt.[83]

Die Effekte 1-3 zählen zu der Vorkaufsphase, die Effekte 4 und 5 bereits zur Kaufphase.

Sind alle Fakten für den Konsumenten geklärt und ist der Besitzwunsch unter Beachtung des UWG geweckt worden, steht die zweite Phase der Kundenbeziehung an, die im nächsten Kapitel erörtert wird.

---

[81] Vgl. Meffert, H. u.a.: 2015, S. 100
[82] Vgl. Merk, J. / Meister, A. / Thunsdorff, C.: 2013, S. 22f
[83] Vgl. Moser, K.: 2007, S. 23

3.2. Kaufphase

Nachdem der Kunde nun alle Informationen und Alternativen zusammen getragen hat, wählt er die für ihn passendste und präferierte Alternative aus. Er entwickelt eine Kaufabsicht, also das Bestreben das Produkt oder die Dienstleistung auch wirklich zu erlangen. Anschließend wird der Kauf in die Tat umgesetzt.[84]

Ternes[85] hat eine Aufstellung für die nächsten Jahre gemacht, die die aktuelle Entwicklung aufzeigt. Darin beschreibt er welche Faktoren für die Wahl der besten Alternative, mit anschließender Kaufabsicht, entscheidend sind. Diese Aufstellung ist nicht vollständig oder absolut und Ausnahmen wird es geben.

- Trend zur Nachhaltigkeit und zu gesundheitsfördernden Produkten, sowohl bei Lebensmitteln, als auch bei technischen Produkten. Die Menschen streben ein besseres, gesünderes und langjähriges Leben an.[86]
- Konsumenten entscheiden sich im Privaten bewusster für etwas und Spontankäufe treten in den Hintergrund.
- Digitaler Konsum wird weiter fortschreiten. Die meisten Anbieter von Produkten sind bereits dabei, eine Online-Plattform aufzubauen, die Onlinekäufe zulässt.
- Individualisierung der Produkte für den einzelnen Konsumenten.
- „Die [Forschungen] zeigen, dass die Beziehung zu eigenen Besitztümern gerade in den jüngeren Generationen rationaler zu werden scheint, weshalb mehr junge Menschen dazu bereit sind, Gebrauchsgegenstände mit anderen zu teilen, um beispielsweise Kostenersparnisse zu erzielen."[87] Zum Beispiel nutzen heute mehr Konsumenten das sogenannte Car-Sharing als noch vor 20 Jahren. Ihr Bedarf ist der Transport mit Hilfe des Autos und nicht mehr das Auto an sich.[88]

Das Marketing sollte sich auf diese veränderten Bedürfnisse einstellen.[89]

Damit die Kaufabsicht in die Tat umgesetzt wird, sind Störungen zu unterbinden und Kauferleichterungen darzustellen. Solche Störungen können fehlende Verfügbarkeit (z.B. durch Lieferschwierigkeiten), nicht vorhandene Informationen, die der Kunde wünscht oder

---

[84] Vgl. Orth, H.: 2012, S. 77
[85] Vgl. Ternes, A. u.a.: 2015 S. 13ff
[86] Vgl. Ternes, A. u.a.: 2015, S. 18ff und Silbermann, A.: 2015, S. 10f
[87] Ternes, A. u.a.: 2015, S. 23
[88] Vgl. Ternes, A u.a.: 2015, S. 23
[89] Vgl. Meffert, H. u.a.: 2015, S. 116f

Finanzierungsaspekte sein. Mit einer guten Planung, einem umfassenden Sortiment und verschieden Arten der Finanzierung, wie z.b. Barkauf, Leasing oder Ratenzahlung, kann dieser Art von Hinderungsgründen für den Kauf entgegengewirkt werden.[90]

Weitere Maßnahmen zur Förderung des Kaufs sind die Gestaltung des Verkaufsraumes sowie des Verkaufsgesprächs, Verbundwirkungen, Cross-Buying und technische oder kaufmännische Services. Um den Umfang dieser Arbeit nicht zu sprengen, werden diese Maßnahmen in Kapitel 3.4. anhand des Beispiels verdeutlicht.[91]

Zusammenfassend sagt Seele, dass sich der Kunde in der Kaufphase erst selbst überzeugen muss „wobei ihm der Verkäufer nur ein bisschen hilft und ansonsten eher nichts tut und den [zweiten Schritt] macht in der Hauptsache der Verkäufer!"[92] D.h. der Verkäufer unterstützt den eigentlichen Kaufvorgang des Kunden.[93]

Ist der Kauf abgeschlossen kommt die letzte Phase der Beziehung zwischen Kunde und Unternehmen.

3.3.   Nachkauf- und Nutzungsphase

Die Nachkaufphase ist die letzte Phase, während der der Kunde die Ware besitzt und einen Nutzen aus ihr zieht. Die nach dem Kauf wahrnehmbaren Dienstleistungen, wie z.B. Garantie, Wartung, Kundendienst, Service etc., werden After-Sales-Dienstleistungen genannt.[94]

Der Nutzen, den ein Kunde von einem Produkt hat, kann sich, je nach Kaufeinstellung, unterschiedlich zeigen. Entweder bezieht er sich z.B. beim Kauf einer Zahnpasta auf die Notwendigkeit seine Zähne zu putzen (utilitaristischer Konsum) oder um innere Wünsche zu befriedigen, wie den Wunsch nach weißen Zähnen (hedonistischer Konsum).[95] Durch diese verschiedenen Kaufeinstellungen ist es für das Marketing wichtig, zu definieren, welchen Käufertyp das Unternehmen auf welche Weise zufriedenstellen will.

---

[90] Vgl. Orth, H.: 2012, S. 77
[91] Vgl. Orth, H.: 2012, S. 77f
[92] Gebhardt-Seele, S.: 2013, S. 22
[93] Vgl. Gebhardt-Seele, S.: 2013, S. 22
[94] Barkawi, K. u. a.: 2006, S. 155f
[95] Vgl. Orth, H.: 2012, S. 79

Die Zufriedenheit ist neben der Gewohnheit des Kunden eine wichtige Komponente in der Beziehung zwischen Unternehmen/Marke und Kunden.[96] Welche Möglichkeiten hier vorhanden sind, wird in Kapitel 3.4. beispielhaft dargestellt.

Besonders in der Nachkaufphase, auch Nutzungsphase genannt, können Dissonanzen entstehen, wenn der Kunde z.b. eine bessere Alternative findet oder sich nicht sicher ist, ob es der richtige Impulskauf war.[97] Vorbeugend können z.b. ein Gratulationsschreiben zum Kauf oder ein Anruf den Dissonanzen entgegenwirken, bei dem z.b. weiterer Service angeboten und die Zufriedenheit abgefragt wird. Ganz nach dem Motto „Darf es noch etwas sein?".[98] Sollte der Kunde dennoch unzufrieden sein, ist es eine Chance des Unternehmens seine Beschwerde aufzunehmen und die gewünschte Zufriedenheit herzustellen. Ist das Unternehmen dem Kunden nach der Beschwerde entgegengekommen, besteht anschließend eine größere Verbundenheit und Zufriedenheit, als hätte es keine Beschwerde gegeben. Daher ist es nach Becker und Daschmann ratsam eine separate Beschwerdestelle mit geschultem Personal einzurichten.[99]

Ein zufriedener Kunde ist meistens loyal. Allerdings gibt es unterschiedliche Arten von Loyalität. Der Kunde kann sich entweder gegenüber dem Unternehmen (Customer-Loyality), der Marke (Brand-Loyality), einer bestimmten Person oder eines bestimmten Artikels (Item-Loyality) oder einem bestimmten Laden (Store-Loyality) loyal verhalten.[100] Diese Loyalität gilt es zu stärken. Dazu gibt es eine Vielzahl von Ansätzen zur Kundenbindung, auf die in dieser Arbeit nicht näher eingegangen wird.

---

[96] Vgl. Engel, B.: 2011, S. 14f
[97] Vgl. Festinger, L.: 1978, S. 90ff
[98] Vgl. Orth, H.: 2012, S. 79
[99] Vgl. Becker, R. / Daschmann, G.: 2015, S. 72f
[100] Vgl. Orth, H.: 2012, S. 81

Die Vorteile einer guten Kundenbeziehung zeigen sich durch die „erhöhte Tendenz zum Kauf neuer Produkte oder zum Ersatz alter Produkte, [durch] Empfehlungen für Unternehmen und [deren] Produktpalette, [durch] geringe Preissensibilität, [durch die] Lieferung von Ideen und Anregungen [der Kunden] für das Unternehmen [und durch] geringere Kosten als [bei] Neukunden [entstehen]."[101] Daraus wird häufig postuliert, „dass sich durch Folgeleistungen, zu denen Serviceleistungen, Wartungen, Reparaturen und auch der Verkauf von Ersatzteilen zählen, wesentlich höhere Gewinne realisieren lassen als durch das Initialgeschäft."[102]

3.4. Praxisbeispiel in den einzelnen Phasen

„Wenn man den Homo oeconomicus noch irgendwo vermuten dürfte, dann wäre es wohl im Umgang mit Geld. Geld ist fluid und lässt sich ohne Anstrengung in beliebige Güter umwandeln; die Kosten von Geld sind transparent, es ist der Zins; und bei Anlagen lassen sich Risiko und Ertrag abwägen."[103] Daher wählt der Autor das Beispiel einer Anlageberatung in der Bank, um aufzuzeigen, wie die drei Phasen der Kundenbeziehung ineinander übergehen. Dabei geht der Autor von einem extensiven Kaufverhalten aus, das durch aktive Informationssuche sowie die emotionale Auseinandersetzung mit dem Produkt gekennzeichnet ist.[104]

3.4.1. Vorkaufsphase einer Beratung

Kommt der Kunde zur Anlageberatung in die Bank, besteht die Vorkaufsphase aus der Vorbereitung des Kunden und des Beraters auf den Termin. Der Kunde will Geld anlegen, wohingegen der Berater die Produkte kennen muss und Informationsmaterial bereithalten sollte, eventuell abgestimmt auf die Zielgruppe,[105] in die der Kunde einzugliedern ist.[106]

---

[101] Orth, H.: 2012, S. 81
[102] Engel, B.: 2011, Geleitwort V
[103] Vgl. Rutschmann, M.: 2013, S. 168
[104] Vgl. Jaritz, S.: 2008, S. 69
[105] Vgl. Halfmann, M.: 2014, S. 295
[106] Vgl. Gebhardt-Seele, S.: 2013, S. 27

Für Rutschmann beginnt der Kauf bereits mit der Begrüßung „Guten Tag".[107] Dem Kunden wird eine Wertschätzung entgegengebracht und der Berater sorgt dafür, dass sich der Kunde in der Bank wohlfühlt: er nimmt ihm die Jacke ab, bietet ihm einen Sitzplatz sowie ein Getränk an.[108] Die Gestaltung der Verkaufsräume durch angenehme Temperatur, bequeme Möbel, schöne Bilder etc. sorgt ebenfalls für das gewünschte Wohlgefühl.[109]

Anschließend beginnt das Gespräch. Dabei steht die Analyse der Wünsche, Bedürfnisse und Probleme des Kunden im Vordergrund. Diese gilt es für den Berater zu erkennen und anzuregen, um ihm ein individuelles Angebot unterbreiten zu können.[110]

Wenn der Berater mit der Analyse fertig ist, sollte er darauf achten, nicht zu viele Alternativen anzubieten, da es sonst zu einem sogenannten Überauswahlphänomen kommen kann, bei dem der Kunde letztendlich im Status Quo verweilt und den Kauf abbricht.[111] Haben sich Berater und Kunde geeinigt, welche Anlageform für den Kunden in Frage kommt, unterstützt der Berater den Aufbau von Sicherheit und den Abbau von Kaufrisiken beim Kunden. Dies kann durch ausführliche Informationen und den Vertrauensaufbau, zwischen Kunden und Berater, erfolgen.[112] „Das Verkaufsgespräch erfordert [also] umfassende kommunikative Kompetenz des Verkäufers, sowohl verbal wie non-verbal."[113]

3.4.2.   Kaufphase einer Beratung

Hat sich der Kunde für ein Anlageprodukt entschieden, liegt nun die Hauptaufgabe des Beraters darin, den „Kauf" so angenehm wie möglich zu gestalten.[114] Dabei können Verbundwirkungen und Cross-Buying zum Tragen kommen, wenn sich der Kunde z.B. für ein Wertpapier entscheidet und dafür zusätzlich ein Depot und ein Wertpapier-Verrechnungskonto eingerichtet werden.[115] Mit der Unterschrift unter dem Protokoll nach WpHG, der Depoteröffnung, der Order und eventuell der Kontoeröffnung gilt der Kauf des Wertpapiers als abgeschlossen.[116]

---

[107] Vgl. Rutschmann, M.: 2013, S. 139
[108] Vgl. Hagendorf, H. u. a.: 2011, S. 216
[109] Vgl. Klöckner, B. W.: 2014, S. 76
[110] Vgl. Orth, H.: 2012, S. 76
[111] Vgl. Kitz, V. / Tusch, M.: 2014, S. 183ff
[112] Vgl. Orth, H.: 2012, S. 64
[113] Orth, H.: 2012, S. 78
[114] Vgl. Gebhardt-Seele, S.: 2013, S. 22
[115] Vgl. Orth, H.: 2012, S. 78
[116] Vgl. BWGV Modul 3

3.4.3. Nachkaufphase einer Beratung

Ist der Kauf erfolgt, gilt es, den Kunden in seiner Entscheidung zu bestärken. Dies kann durch Verstärker, wie z.b. „Sie haben sich für die für Sie beste Möglichkeit entschieden." oder ein anschließendes Anschreiben, indem dem Kunden zum Erwerb des Wertpapiers gratuliert wird, erfolgen.[117] Außerdem sollte der Berater abklären, wie die zukünftige Betreuung gewünscht ist. Viele Kunden schätzen den Anruf des Beraters, wenn dieser ihm weitere Serviceleistungen, Neuigkeiten oder Ersparnisse anbieten kann.[118]

Sollte der Kunde mit seiner Entscheidung oder der Beratung unzufrieden sein, gibt es in jeder Bank ein gesetzlich vorgeschriebenes Beschwerdemanagement, das dafür zuständig ist die Zufriedenheit des Kunden wieder herzustellen.[119]

---

[117] Wie verweis 97
[118] Vgl. Orth, H.: 2012, S. 76
[119] Vgl. www.genossenschaftsverband.de, 29.11.2015

Eine Zusammenfassung der Phasen stellt Tabelle 3 noch einmal grafisch dar.

Phasen eines Kunden ➡	Kontakt-phase	Informations-phase	Beratungs-phase	Entscheidungs-phase	Betreuungs-phase
Aktivitäten des Kundenberaters ➡	Verbindung herstellen	Themen bearbeiten	Ergebnisse finden	Zielorientiert arbeiten	Beziehung gestalten
Wie, wodurch?	Termin vereinbaren, möglichen Anlass oder Anlässe im Kunden-System, im Kunden-Umfeld oder in der Kunden-Umwelt suchen und definieren, Rahmendbedin gen für den Termin klären und vereinbaren,	Situations-Analyse des Kunden zum Thema vornehmen, bei Bedarf Problemanalys e durchführen, Zielanalyse, wo soll es hingehen, Potenzial-Analyse, nach Ressourcen schauen,	Wünsche Ziele und Interessen des Kunden erarbeiten, oder erfragen, hierzu alternative Lösungen evtl. gemeinsam erarbeiten, an Teillösungen denken,	sich für die beste Alternative von den Lösungsmöglichk eiten entscheiden, Konzept zur Umsetzung erstellen, geeignete Maßnahmen planen,	die After-Sales-Phase besprechen, weitere Vorgehensweis en klären, gegenseitige Erwartungen an die Betreuung thematisieren, in „losem" Kontakt bleiben, welche anderen Themen/Inhalte können da helfen,
Womit, Hilfsmittel, Rahmen-Bedingungen	Ziel ist der Termin, wenn möglich zur Vorbereitung ein systemisches Bild vom Kunden erstellen, Gespräch vorbereiten,	Das Territorium des Kunden betreten, dem Kunden Wertschätzung entgegenbringen, Ishikawa-Diagramm,	Lösung muss die Interessen des Kunden berühren, Vorteile, Nutzen und Auswirkungen nennen, WD-Strategie anwenden,	Entscheidungshilf en geben, evtl. Entscheidungsma trix erarbeiten, 6-W-Strategie anwenden, Zwischenziele definieren, Kontrolle,	Wünsche erfragen, wann man von welcher Seite Kontakt aufnimmt, was sonst noch als wichtig erachtet wird,
Wozu, weshalb?	Beratung ist persönlich, mit Gesicht, Produktverkauf kann telefonisch/elekt ronisch, ohne Gesicht sein,	Überzeugen Sie mit Sachkenntnis, Freundlichkeit und Sympathie, das schafft Vertrauen	Der Kunde, nicht der Berater, ist wichtig, spielen Sie nicht den Besserwisser, oder Bevormunder,	Helfen Sie dem Kunden, dass er eine Entscheidung treffen kann, denken Sie positiv in Möglichkeiten,	Kunden haben heißt Beziehungen haben, pflegen Sie diese immer wieder, das ist keine Einmalpackung,

Tabelle 3: Phasen eines Kundengesprächs (Quelle: Becker, P.: 2011, S. 53)

Literaturverzeichnis

- Asendorpf, J.: Persönlichkeitspsychologie für Bachelor. 2. Überarbeitete und aktualisierte Auflage. Mit 40 Abbildungen und 46 Tabellen. Heidelberg. 2011
- Barkawi, K. / Baader, A. / Montanus, S.: Erfolgreich mit After Sales Services. Geschäftsstrategien für Servicemanagement und Ersatzteillogistik. Mit 97 Abbildungen. Heidelberg. 2006
- Becker, L. / Daschmann, G.: Das Fan-Prinzip. Mit emotionaler Kundenbindung Unternehmen erfolgreich steuern. Wiesbaden. 2015
- Becker, P.: Professioneller Verkauf mit erfolgreichen Beziehungen. Kundenbindungsmanagement für Finanzdienstleister. Wiesbaden. 2011
- Becker-Carus, C.: Allgemeine Psychologie. Eine Einführung. 1. Auflage. München. 2004
- Festinger, L.: Theorie der kognitiven Dissonanz. Bern. 1978
- Gillig, S.: Modul 3: Consult to success. GENO-Akademie Stuttgart. 2009
- Hagendorf, H. u. a.: Wahrnehmung und Aufmerksamkeit. Allgemeine Psychologie für Bachelor. Heidelberg. 2011
- Halfmann, M. : Zielgruppen im Konsumentenmarketing. Segmentierungsansätze. Trends. Umsetzung. Wiesbaden. 2014
- Hübner, S. / Rath, C.: Das beste Anderssein ist Bessersein. Die Geheimnisse echter Service-Excellence. München. 2014
- Jeck-Schlottmann, Gabi. Visuelle Informationsverarbeitung Bei Wenig Involvierten Konsumenten: E. Empir. Unters. Zur Anzeigenbetrachtung Mittels Blickaufzeichnung. Saarbrücken. 1987
- Kitz, V. / Tusch, M.: Warum uns das Denken nicht in den Kopf will. Noch mehr nützliche Erkenntnisse der Alltagspsychologie. 2. Auflage. München. 2014
- Klöckner, B. W.: Systemisch verkaufen und beraten in der Finanzbranche. Dauerhaft erfolgreich durch gelingende Kundenbindung. Wiesbaden. 2014
- Knappich, O.: Die Psychologie des umweltzerstörenden Konsums. Eine Analyse der Strukturgenese im Spannungsfeld zwischen Ökonomie und Ökologie als Grundlage für Marketing und Verbraucherpolitik. Münster. 2000

- Krause, J.: Identitätsbasierte Markenführung im Investitionsgüterbereich. Management und Wirkungen von Marke-Kunden-Beziehungen. Wiesbaden. 2013
- Kroeber-Riel, W. / Gröppel-Klein, A.: Konsumentenverhalten. 10., überarbeitete, aktualisierte und ergänzte Auflage. München. 2013
- Kurz, S.: Wettbewerbs- und Werberecht. Studienbrief (0584-02) der SRH FernHochschule Riedlingen. Riedlingen. 2012
- Lieury, A.: Die Geheimnisse unseres Gehirns. Heidelberg. 2013
- Meffert, H.: Marketing. Grundlagen marktorientierter Unternehmensführung. Konzepte – Instrumente – Praxisbeispiele. 9., überarbeitete und erweiterte Auflage. Wiesbaden. 2000
- Meffert, H. / Burmann, C. / Kirchgeorg, M.: Marketing. Grundlagen marktorientierter Unternehmensführung. Konzepte – Instrumente – Praxisbeispiele. 12., überarbeitete und aktualisierte Auflage. Wiesbaden. 2015
- Merk, J. / Meister, A. / Thunsdorff, C.: Markt- und Werbepsychologie. Studienbrief (1011-01) der SRH FernHochschule Riedlingen. Riedlingen. 2013
- Moser, K.: Wirtschaftspsychologie. Heidelberg. 2007
- Myers, D. G.: Psychologie. Heidelberg. 2008
- Orth, H: Konsumverhalten. Studienbrief (0585-02) der SRH FernHochschule Riedlingen. Riedlingen. 2012
- Schneider, W.: McMarketing. Einblicke in die Marketing-Strategie von McDonald's. Wiesbaden. 2007
- Sickel, C.: Verkaufsfaktor Kundennutzen. Konkreten Bedarf ermitteln, aus Kundensicht argumentieren, maßgeschneiderte Lösungen präsentieren. 6. durchges. Auflage. Wiesbaden. 2013
- Silbermann, A.: Gesundheitsbewusstes Konsumentenverhalten. Empirische Analyse der Einflussfaktoren auf der Grundlage einer Systematisierung des Bewusstseins. Wiesbaden. 2015
- Ternes, A. / Towers, I. / Jerusel, M.: Konsumentenverhalten im Zeitalter der Mass Customization. Trends: Individualisierung und Nachhaltigkeit. Wiesbaden. 2015
- Trommsdorff, V.: Konsumentenverhalten. 7., vollständig überarbeitete und erweiterte Auflage. Stuttgart. 2009

Internetquellenverzeichnis

- Genossenschaftsverband. 2015
  https://www.genossenschaftsverband.de/verband/ueber-
  uns/kontakt/beschwerdemanagement (29. November 2015)